Wenn ein
STERN
vom Himmel
fällt

Für Elaine, mit einem Funkeln – M.F.

Für Helen, so strahlend hell – F.B.

Titel der Originalausgabe: *The Tiny Star*
Zuerst erschienen bei Puffin Books, an imprint of Penguin Random House Australia Pty Ltd, in 2019
Text copyright © Mem Fox 2019
Illustrations copyright © Freya Blackwood 2019
Design by Marina Messiha © Penguin Random House Australia Pty Ltd

Deutsche Erstausgabe

Copyright © 2021 von dem Knesebeck GmbH & Co. Verlag KG, München
Ein Unternehmen der Média-Participations

Projektleitung und Lektorat: Theresa Scholz, Knesebeck Verlag
Übersetzung: Tatjana Kröll, München
Umschlagadaption: Leonore Höfer, Knesebeck Verlag
Herstellung und Satz: Arnold & Domnick, Leipzig
Druck: PNB Print SIA
Printed in Latvia

ISBN 978-3-95728-450-1

www.knesebeck-verlag.de

FSC
www.fsc.org
MIX
Papier aus verantwor-
tungsvollen Quellen
FSC® C084698

Wenn ein
STERN
vom Himmel
fällt

Mem Fox & Freya Blackwood

Aus dem Englischen übersetzt von
Tatjana Kröll

KNESEBECK

Eines Abends – wobei das eigentlich ständig passiert –
fiel ein winziger Stern vom Himmel …

... und wurde zu einem Baby!

Die Menschen, die es fanden, schlossen es sofort ins Herz.
Sie nahmen es vorsichtig mit nach Hause
und wickelten es in eine warme Decke
mit unzähligen Sternen darauf.

Alle waren sich einig,
dass dies das schönste Baby war,
das sie je gesehen hatten.

Das Baby wurde rund ...

und runder . . .

und groß und größer.

Und dann sogar noch ein Stückchen größer,
bis es eines Tages ...

... richtig erwachsen war.

Der einst so kleine Stern war
freundlich und liebevoll, fürsorglich und klug.
Und wurde dafür von den anderen geliebt
und geschätzt.

Er hatte Familie und Freunde,
Hoffnungen und Träume

und ein Leben, das er in vollen Zügen genoss.

Er wurde alt und älter
und noch älter.
Und dann sogar noch ein bisschen älter.

Je länger er lebte, desto mehr
wurde der Stern geliebt.

Familie und Freunde
kümmerten sich gut.

Sie gingen behutsam
mit ihrem Stern um und
wickelten ihn in eine Decke
mit unzähligen Sternen darauf.

Die Jahre vergingen
und der nun so große Stern
wurde wieder klein und kleiner
und noch kleiner.

Und dann sogar noch ein bisschen kleiner,
bis er wieder ganz winzig war . . .

So winzig,
dass er ganz verschwand.

Keiner konnte es glauben.
Sie liefen zusammen,
hielten einander fest,
trösteten sich gegenseitig
und weinten gemeinsam.

Doch der kleine Stern
war überhaupt nicht verschwunden!
Er war einfach in den Himmel zurückgekehrt,
dorthin, wo er hergekommen war, und dort blieb er nun.

Was für eine Überraschung war es,
als sie ihn dort entdeckten,
wie er wieder am Himmel funkelte!

Jedes Herz erstrahlte.
Jedes Herz begann zu heilen.

Von diesem Moment an wussten alle,
dass der Stern, den sie so geliebt hatten,
ihnen von nun an aus der Ferne zusehen
und seine Liebe schenken würde.

Für immer.